Table of Contents

Page	Clientele	Date

I0462538

Page	Clientele	Date

Guest Information   /   /

Consultant

Name   /   /

Significant Other   /   /

Address

City/ State / Zip

Cell Phone   Other Cell Phone

Email

His Work   Her Work

Anniversary Date   /   /

Other Important Dates   /   /   ;   /   /

Her Finger Size (L/R)   (R/R)   His Finger Size (L/R)   (R/R)

Children and Birthdays

Name   /   /

Name   /   /

Name   /   /

Item Information: SKU, Price, Description

Notes:

Guest Information   /   /

Name _____   /   /

Significant Other _____   /   /

Address _____

City/ State / Zip _____

Cell Phone _____ Other Cell Phone _____

Email _____

His Work _____ Her Work _____

Anniversary Date   /   / _____

Other Important Dates   /   /   ;   /   / ____

Her Finger Size (L/R) ____ (R/R) ____ His Finger Size (L/R) ____ (R/R)

 Children and Birthdays

Name _____   /   / _____

Name _____   /   / _____

Name _____   /   / _____

Item Information: SKU, Price, Description

_____

_____

_____

_____

_____

_____

Notes:

Consultant _____ **Guest Information** / / _____

Name _____ / ___ / ___

Significant Other _____ / ___ / ___

Address _____

City/ State / Zip _____

Cell Phone _____ Other Cell Phone _____

Email _____

His Work _____ Her Work _____

Anniversary Date ___ / ___ / _____

Other Important Dates ___ / ___ / ___ ; ___ / ___ / ___

Her Finger Size (L/R) ___ (R/R) ___ His Finger Size (L/R) ___ (R/R) ___

 Children and Birthdays

Name _____ / ___ / ___

Name _____ / ___ / ___

Name _____ / ___ / ___

Item Information: SKU, Price, Description

_____

_____

_____

_____

_____

Notes:

Guest Information   /   /

Name _____ / _____ / _____

Significant Other _____ / _____ / _____

Address _____

City/ State / Zip _____

Cell Phone _____ Other Cell Phone _____

Email _____

His Work _____ Her Work _____

Anniversary Date _____ / _____ / _____

Other Important Dates _____ / _____ / _____ ; _____ / _____ / _____

Her Finger Size (L/R) _____ (R/R) _____ His Finger Size (L/R) _____ (R/R) _____

Children and Birthdays

Name _____ / _____ / _____

Name _____ / _____ / _____

Name _____ / _____ / _____

Item Information: SKU, Price, Description

_____

_____

_____

_____

_____

9

Notes:

Guest Information   /   /

Consultant

Name   /   /

Significant Other   /   /

Address

City/ State / Zip

Cell Phone   Other Cell Phone

Email

His Work   Her Work

Anniversary Date   /   /

Other Important Dates   /   /   ;   /   /

Her Finger Size (L/R)   (R/R)   His Finger Size (L/R)   (R/R)

Children and Birthdays

Name   /   /

Name   /   /

Name   /   /

Item Information: SKU, Price, Description

Notes:

Guest Information   /   /

Consultant _____

Name _____ /____ /____

Significant Other _____ /____ /____

Address _____

City/ State / Zip _____

Cell Phone _____ Other Cell Phone _____

Email _____

His Work _____ Her Work _____

Anniversary Date ____ /____ /____

Other Important Dates ____ /____ /____ ; ____ /____ /____

Her Finger Size (L/R) _____ (R/R) _____ His Finger Size (L/R) _____ (R/R) _____

Children and Birthdays

Name _____ /____ /____

Name _____ /____ /____

Name _____ /____ /____

Item Information: SKU, Price, Description _____

_____

_____

_____

_____

_____

Notes:

Guest Information   /   /

Consultant

Name   /   /

Significant Other   /   /

Address

City/ State / Zip

Cell Phone   Other Cell Phone

Email

His Work   Her Work

Anniversary Date   /   /

Other Important Dates   /   /   ;   /   /

Her Finger Size (L/R)   (R/R)   His Finger Size (L/R)   (R/R)

   Children and Birthdays

Name   /   /

Name   /   /

Name   /   /

Item Information: SKU, Price, Description

Notes:

Guest Information / /

Consultant _____

Name _____ / /

Significant Other _____ / /

Address _____

City/ State / Zip _____

Cell Phone _____ Other Cell Phone _____

Email _____

His Work _____ Her Work _____

Anniversary Date / / _____

Other Important Dates / / ; / /

Her Finger Size (L/R) _____ (R/R) _____ His Finger Size (L/R) _____ (R/R)

Children and Birthdays

Name _____ / /

Name _____ / /

Name _____ / /

Item Information: SKU, Price, Description _____

_____

_____

_____

_____

_____

Notes:

Guest Information   /   /

Consultant _____   _____

Name _____   /   /

Significant Other _____   /   /

Address _____

City/ State / Zip _____

Cell Phone _____   Other Cell Phone _____

Email _____

His Work _____   Her Work _____

Anniversary Date   /   / _____

Other Important Dates   /   /   ;   /   /

Her Finger Size (L/R) _____ (R/R) _____ His Finger Size (L/R) _____ (R/R)

Children and Birthdays

Name _____   /   /

Name _____   /   /

Name _____   /   /

Item Information: SKU, Price, Description _____

_____

_____

_____

_____

_____

Notes:

Guest Information   /   /

Consultant

Name   /   /

Significant Other   /   /

Address

City/ State / Zip

Cell Phone   Other Cell Phone

Email

His Work   Her Work

Anniversary Date   /   /

Other Important Dates   /   /   ;   /   /

Her Finger Size (L/R)   (R/R)   His Finger Size (L/R)   (R/R)

Children and Birthdays

Name   /   /

Name   /   /

Name   /   /

Item Information: SKU, Price, Description

Notes:

Guest Information   /   /

Name _____   /   /

Significant Other _____   /   /

Address _____

City/ State / Zip _____

Cell Phone _____ Other Cell Phone _____

Email _____

His Work _____ Her Work _____

Anniversary Date   /   / _____

Other Important Dates   /   /   ;   /   / _____

Her Finger Size (L/R) _____ (R/R) _____ His Finger Size (L/R) _____ (R/R)

Children and Birthdays

Name _____   /   /

Name _____   /   /

Name _____   /   /

Item Information: SKU, Price, Description

_____

_____

_____

_____

_____

Notes:

Guest Information

/ /

Consultant _____

Name _____ / /

Significant Other _____ / /

Address _____

City/ State / Zip _____

Cell Phone _____ Other Cell Phone _____

Email _____

His Work _____ Her Work _____

Anniversary Date / / _____

Other Important Dates / / ; / / _____

Her Finger Size (L/R) _____ (R/R) His Finger Size (L/R) _____ (R/R)

Children and Birthdays

Name _____ / /

Name _____ / /

Name _____ / /

Item Information: SKU, Price, Description

_____

_____

_____

_____

_____

_____

Notes:

Guest Information   /   /

Consultant

Name   /   /

Significant Other   /   /

Address

City/ State / Zip

Cell Phone   Other Cell Phone

Email

His Work   Her Work

Anniversary Date   /   /

Other Important Dates   /   /   ;   /   /

Her Finger Size (L/R)   (R/R)   His Finger Size (L/R)   (R/R)

   Children and Birthdays

Name   /   /

Name   /   /

Name   /   /

Item Information: SKU, Price, Description

Notes:

Consultant

Guest Information   /   /

Name   /   /

Significant Other   /   /

Address

City/ State / Zip

Cell Phone   Other Cell Phone

Email

His Work   Her Work

Anniversary Date   /   /

Other Important Dates   /   /   ;   /   /

Her Finger Size (L/R)   (R/R)   His Finger Size (L/R)   (R/R)

Children and Birthdays

Name   /   /

Name   /   /

Name   /   /

Item Information: SKU, Price, Description

Notes:

Guest Information   /   /

Consultant

Name   /   /

Significant Other   /   /

Address

City/ State / Zip

Cell Phone   Other Cell Phone

Email

His Work   Her Work

Anniversary Date   /   /

Other Important Dates   /   /   ;   /   /

Her Finger Size (L/R)   (R/R)   His Finger Size (L/R)   (R/R)

Children and Birthdays

Name   /   /

Name   /   /

Name   /   /

Item Information: SKU, Price, Description

Notes:

Guest Information   /   /

Consultant _____

Name _____ / _____ / _____

Significant Other _____ / _____ / _____

Address _____

City/ State / Zip _____

Cell Phone _____ Other Cell Phone _____

Email _____

His Work _____ Her Work _____

Anniversary Date _____ / _____ / _____

Other Important Dates _____ / _____ / _____ ; _____ / _____ / _____

Her Finger Size (L/R) _____ (R/R) ____ His Finger Size (L/R) _____ (R/R)

   Children and Birthdays

Name _____ / _____ / _____

Name _____ / _____ / _____

Name _____ / _____ / _____

Item Information: SKU, Price, Description _____

_____

_____

_____

_____

_____

Notes:

Guest Information   /   /

Consultant

Name   /   /

Significant Other   /   /

Address

City/ State / Zip

Cell Phone   Other Cell Phone

Email

His Work   Her Work

Anniversary Date   /   /

Other Important Dates   /   /   ;   /   /

Her Finger Size (L/R)   (R/R)   His Finger Size (L/R)   (R/R)

Children and Birthdays

Name   /   /

Name   /   /

Name   /   /

Item Information: SKU, Price, Description

Notes:

Guest Information   /   /

Name   /   /

Significant Other   /   /

Address

City/ State / Zip

Cell Phone   Other Cell Phone

Email

His Work   Her Work

Anniversary Date   /   /

Other Important Dates   /   /   ;   /   /

Her Finger Size (L/R)   (R/R)   His Finger Size (L/R)   (R/R)

Children and Birthdays

Name   /   /

Name   /   /

Name   /   /

Item Information: SKU, Price, Description

Notes:

Guest Information   /   /

Consultant

Name   /   /

Significant Other   /   /

Address

City/ State / Zip

Cell Phone   Other Cell Phone

Email

His Work   Her Work

Anniversary Date   /   /

Other Important Dates   /   /   ;   /   /

Her Finger Size (L/R)   (R/R)   His Finger Size (L/R)   (R/R)

Children and Birthdays

Name   /   /

Name   /   /

Name   /   /

Item Information: SKU, Price, Description

Notes:

Guest Information / /

Consultant _____

Name _____ / /

Significant Other _____ / /

Address _____

City/ State / Zip _____

Cell Phone _____ Other Cell Phone _____

Email _____

His Work _____ Her Work _____

Anniversary Date / / _____

Other Important Dates / / ; / /

Her Finger Size (L/R) ___ (R/R) ___ His Finger Size (L/R) ___ (R/R) ___

Children and Birthdays

Name _____ / /

Name _____ / /

Name _____ / /

Item Information: SKU, Price, Description

_____

_____

_____

_____

_____

_____

Notes:

Guest Information   /   /

Name   /   /

Significant Other   /   /

Address

City/ State / Zip

Cell Phone   Other Cell Phone

Email

His Work   Her Work

Anniversary Date   /   /

Other Important Dates   /   /   ;   /   /

Her Finger Size (L/R)   (R/R)   His Finger Size (L/R)   (R/R)

  Children and Birthdays

Name   /   /

Name   /   /

Name   /   /

Item Information: SKU, Price, Description

Notes:

Guest Information   /   /

Consultant _____ _____

Name _____ / ___ / ___

Significant Other _____ / ___ / ___

Address _____

City/ State / Zip _____

Cell Phone _____ Other Cell Phone _____

Email _____

His Work _____ Her Work _____

Anniversary Date ___ / ___ / _____

Other Important Dates ___ / ___ / ___ ; ___ / ___ / ___

Her Finger Size (L/R) _____ (R/R) ___ His Finger Size (L/R) _____ (R/R)

Children and Birthdays

Name _____ / ___ / ___

Name _____ / ___ / ___

Name _____ / ___ / ___

Item Information: SKU, Price, Description

_____

_____

_____

_____

_____

Notes:

Guest Information   /   /

Name   /   /

Significant Other   /   /

Address

City/ State / Zip

Cell Phone   Other Cell Phone

Email

His Work   Her Work

Anniversary Date   /   /

Other Important Dates   /   /   ;   /   /

Her Finger Size (L/R)   (R/R)   His Finger Size (L/R)   (R/R)

Children and Birthdays

Name   /   /

Name   /   /

Name   /   /

Item Information: SKU, Price, Description

Notes:

Guest Information   /   /

Consultant _____

Name _____ /_____ /_____

Significant Other _____ /_____ /_____

Address _____

City/ State / Zip _____

Cell Phone _____ Other Cell Phone _____

Email _____

His Work _____ Her Work _____

Anniversary Date _____ /_____ /_____

Other Important Dates _____ /_____ / ____ ; _____ /_____ /_____

Her Finger Size (L/R) _____ (R/R) _____ His Finger Size (L/R) _____ (R/R)

  Children and Birthdays

Name _____ /_____ /_____

Name _____ /_____ /_____

Name _____ /_____ /_____

Item Information: SKU, Price, Description _____

_____

_____

_____

_____

_____

Notes:

Guest Information   /   /

Consultant

Name   /   /

Significant Other   /   /

Address

City/ State / Zip

Cell Phone   Other Cell Phone

Email

His Work   Her Work

Anniversary Date   /   /

Other Important Dates   /   /   ;   /   /

Her Finger Size (L/R)   (R/R)   His Finger Size (L/R)   (R/R)

Children and Birthdays

Name   /   /

Name   /   /

Name   /   /

Item Information: SKU, Price, Description

Notes:

Guest Information   /   /

Name _____ /   /

Significant Other _____ /   /

Address _____

City/ State / Zip _____

Cell Phone _____ Other Cell Phone _____

Email _____

His Work _____ Her Work _____

Anniversary Date   /   / _____

Other Important Dates   /   /   ;   /   / _____

Her Finger Size (L/R) _____ (R/R) _____ His Finger Size (L/R) _____ (R/R) _____

 Children and Birthdays

Name _____ /   /

Name _____ /   /

Name _____ /   /

Item Information: SKU, Price, Description _____

_____

_____

_____

_____

_____

Notes:

Guest Information   /   /

Name _____   /   /

Significant Other _____   /   /

Address _____

City/ State / Zip _____

Cell Phone _____ Other Cell Phone _____

Email _____

His Work _____ Her Work _____

Anniversary Date   /   / _____

Other Important Dates   /   /   ;   /   / ___

Her Finger Size (L/R)   (R/R)   His Finger Size (L/R)   (R/R)

  Children and Birthdays

Name _____   /   /

Name _____   /   /

Name _____   /   /

Item Information: SKU, Price, Description _____

_____

_____

_____

_____

Notes:

Guest Information   /   /

Consultant _____   _____

Name _____   /   /   _____

Significant Other _____   /   /   _____

Address _____

City/ State / Zip _____

Cell Phone _____ Other Cell Phone _____

Email _____

His Work _____ Her Work _____

Anniversary Date   /   /   _____

Other Important Dates   /   /   ;   /   /   _____

Her Finger Size (L/R) _____ (R/R) _____ His Finger Size (L/R) _____ (R/R)

 Children and Birthdays

Name _____   /   /   _____

Name _____   /   /   _____

Name _____   /   /   _____

Item Information: SKU, Price, Description _____

_____

_____

_____

_____

_____

Notes:

Consultant _____

Guest Information ___ / ___ / ___

Name _____ ___ / ___ / ___

Significant Other _____ ___ / ___ / ___

Address _____

City/ State / Zip _____

Cell Phone _____ Other Cell Phone _____

Email _____

His Work _____ Her Work _____

Anniversary Date ___ / ___ / _____

Other Important Dates ___ / ___ ; ___ / ___

Her Finger Size (L/R) ___ (R/R) His Finger Size (L/R) ___ (R/R)

Children and Birthdays

Name _____ ___ / ___ /

Name _____ ___ / ___ /

Name _____ ___ / ___ /

Item Information: SKU, Price, Description _____

_____

_____

_____

_____

_____

Notes:

Guest Information / /

Consultant

Name / /

Significant Other / /

Address

City/ State / Zip

Cell Phone   Other Cell Phone

Email

His Work   Her Work

Anniversary Date / /

Other Important Dates / / ; / /

Her Finger Size (L/R)   (R/R)   His Finger Size (L/R)   (R/R)

Children and Birthdays

Name / /

Name / /

Name / /

Item Information: SKU, Price, Description

Notes:

Guest Information   /   /

Consultant

Name   /   /

Significant Other   /   /

Address

City/ State / Zip

Cell Phone   Other Cell Phone

Email

His Work   Her Work

Anniversary Date   /   /

Other Important Dates   /   /   ;   /   /

Her Finger Size (L/R)   (R/R)   His Finger Size (L/R)   (R/R)

Children and Birthdays

Name   /   /

Name   /   /

Name   /   /

Item Information: SKU, Price, Description

Notes:

Guest Information   /   /

Consultant

Name _____   /   /

Significant Other _____   /   /

Address _____

City/ State / Zip _____

Cell Phone _____ Other Cell Phone _____

Email _____

His Work _____ Her Work _____

Anniversary Date   /   / _____

Other Important Dates   /   /   ;   /   / _____

Her Finger Size (L/R)   (R/R)   His Finger Size (L/R)   (R/R)

Children and Birthdays

Name _____   /   /

Name _____   /   /

Name _____   /   /

Item Information: SKU, Price, Description

_____

_____

_____

_____

_____

Notes:

Guest Information   /   /

Consultant

Name _____ /_____/_____

Significant Other _____ /_____/_____

Address _____

City/ State / Zip _____

Cell Phone _____ Other Cell Phone _____

Email _____

His Work _____ Her Work _____

Anniversary Date _____/_____/_____

Other Important Dates _____/_____/ _____ ; _____/_____/_____

Her Finger Size (L/R) _____ (R/R) _____ His Finger Size (L/R) _____ (R/R)

Children and Birthdays

Name _____ /_____/_____

Name _____ /_____/_____

Name _____ /_____/_____

Item Information: SKU, Price, Description _____

_____

_____

_____

_____

_____

Notes:

Guest Information   /   /

Consultant

Name _____ /_____ /_____

Significant Other _____ /_____ /_____

Address _____

City/ State / Zip _____

Cell Phone _____ Other Cell Phone _____

Email _____

His Work _____ Her Work _____

Anniversary Date _____ /_____ /_____

Other Important Dates _____ /_____ /_____ ; _____ /_____ /_____

Her Finger Size (L/R) _____ (R/R) ____ His Finger Size (L/R) _____ (R/R)

Children and Birthdays

Name _____ /_____ /_____

Name _____ /_____ /_____

Name _____ /_____ /_____

Item Information: SKU, Price, Description _____

_____

_____

_____

_____

_____

Notes:

Guest Information   /   /

Consultant

Name _____ / ___ /

Significant Other _____ / ___ /

Address _____

City/ State / Zip _____

Cell Phone _____ Other Cell Phone _____

Email _____

His Work _____ Her Work _____

Anniversary Date ___ / ___ / _____

Other Important Dates ___ / ___ / ___ ; ___ / ___ /

Her Finger Size (L/R) ___ (R/R) ___ His Finger Size (L/R) ___ (R/R)

  Children and Birthdays

Name _____ / ___ /

Name _____ / ___ /

Name _____ / ___ /

Item Information: SKU, Price, Description

_____

_____

_____

_____

_____

Notes:

Guest Information   /   /

Name   /   /

Significant Other   /   /

Address

City/ State / Zip

Cell Phone   Other Cell Phone

Email

His Work   Her Work

Anniversary Date   /   /

Other Important Dates   /   /   ;   /   /

Her Finger Size (L/R)   (R/R)   His Finger Size (L/R)   (R/R)

Children and Birthdays

Name   /   /

Name   /   /

Name   /   /

Item Information: SKU, Price, Description

Notes:

Guest Information   /   /

Name   /   /

Significant Other   /   /

Address

City/ State / Zip

Cell Phone   Other Cell Phone

Email

His Work   Her Work

Anniversary Date   /   /

Other Important Dates   /   /   ;   /   /

Her Finger Size (L/R)   (R/R)   His Finger Size (L/R)   (R/R)

Children and Birthdays

Name   /   /

Name   /   /

Name   /   /

Item Information: SKU, Price, Description

Notes:

Guest Information   /   /

Consultant _____

Name _____ / ___ / ___

Significant Other _____ / ___ / ___

Address _____

City/ State / Zip _____

Cell Phone _____ Other Cell Phone _____

Email _____

His Work _____ Her Work _____

Anniversary Date ___ / ___ / _____

Other Important Dates ___ / ___ / ___ ; ___ / ___ / ___

Her Finger Size (L/R) ___ (R/R) ___ His Finger Size (L/R) ___ (R/R)

Children and Birthdays

Name _____ / ___ / ___

Name _____ / ___ / ___

Name _____ / ___ / ___

Item Information: SKU, Price, Description _____

_____

_____

_____

_____

_____

Notes:

Guest Information   /   /

Consultant

Name _____ /_____ /_____

Significant Other _____ /_____ /_____

Address _____

City/ State / Zip _____

Cell Phone _____ Other Cell Phone _____

Email _____

His Work _____ Her Work _____

Anniversary Date _____ /_____ /_____

Other Important Dates _____ /_____ /_____ ; _____ /_____ /_____

Her Finger Size (L/R) _____ (R/R) ____ His Finger Size (L/R) _____ (R/R)

Children and Birthdays

Name _____ /_____ /_____

Name _____ /_____ /_____

Name _____ /_____ /_____

Item Information: SKU, Price, Description _____

_____

_____

_____

_____

_____

Notes:

Guest Information   /   /

Consultant

Name _____   /   /

Significant Other _____   /   /

Address _____

City/ State / Zip _____

Cell Phone _____ Other Cell Phone _____

Email _____

His Work _____ Her Work _____

Anniversary Date   /   /_____

Other Important Dates   /   /   ;   /   /

Her Finger Size (L/R) _____ (R/R) ___ His Finger Size (L/R) _____ (R/R)

  Children and Birthdays

Name _____   /   /

Name _____   /   /

Name _____   /   /

Item Information: SKU, Price, Description _____

_____

_____

_____

_____

_____

Notes:

Guest Information / /

Consultant

Name _____ / /

Significant Other _____ / /

Address _____

City/ State / Zip _____

Cell Phone _____ Other Cell Phone _____

Email _____

His Work _____ Her Work _____

Anniversary Date / / _____

Other Important Dates / / ; / / _____

Her Finger Size (L/R) _____ (R/R) _____ His Finger Size (L/R) _____ (R/R) _____

Children and Birthdays

Name _____ / /

Name _____ / /

Name _____ / /

Item Information: SKU, Price, Description

_____

_____

_____

_____

_____

_____

Notes:

Guest Information   /   /

Consultant

Name   /   /

Significant Other   /   /

Address

City/ State / Zip

Cell Phone   Other Cell Phone

Email

His Work   Her Work

Anniversary Date   /   /

Other Important Dates   /   /   ;   /   /

Her Finger Size (L/R)   (R/R)   His Finger Size (L/R)   (R/R)

Children and Birthdays

Name   /   /

Name   /   /

Name   /   /

Item Information: SKU, Price, Description

Notes:

Guest Information   /   /

Consultant

Name   /   /

Significant Other   /   /

Address

City/ State / Zip

Cell Phone   Other Cell Phone

Email

His Work   Her Work

Anniversary Date   /   /

Other Important Dates   /   /   ;   /   /

Her Finger Size (L/R)   (R/R)   His Finger Size (L/R)   (R/R)

Children and Birthdays

Name   /   /

Name   /   /

Name   /   /

Item Information: SKU, Price, Description

Notes:

Guest Information   /   /

Consultant _____

Name _____ / _____ / _____

Significant Other _____ / _____ / _____

Address _____

City/ State / Zip _____

Cell Phone _____ Other Cell Phone _____

Email _____

His Work _____ Her Work _____

Anniversary Date _____ / _____ / _____

Other Important Dates _____ / _____ / _____ ; _____ / _____ / _____

Her Finger Size (L/R) _____ (R/R) _____ His Finger Size (L/R) _____ (R/R) _____

   Children and Birthdays

Name _____ / _____ / _____

Name _____ / _____ / _____

Name _____ / _____ / _____

Item Information: SKU, Price, Description _____

_____

_____

_____

_____

_____

Notes:

Guest Information   /   /

Consultant

Name   /   /

Significant Other   /   /

Address

City/ State / Zip

Cell Phone   Other Cell Phone

Email

His Work   Her Work

Anniversary Date   /   /

Other Important Dates   /   /   ;   /   /

Her Finger Size (L/R)   (R/R)   His Finger Size (L/R)   (R/R)

Children and Birthdays

Name   /   /

Name   /   /

Name   /   /

Item Information: SKU, Price, Description

Notes:

Guest Information   /   /

Consultant

Name   /   /

Significant Other   /   /

Address

City/ State / Zip

Cell Phone   Other Cell Phone

Email

His Work   Her Work

Anniversary Date   /   /

Other Important Dates   /   /   ;   /   /

Her Finger Size (L/R)   (R/R)   His Finger Size (L/R)   (R/R)

Children and Birthdays

Name   /   /

Name   /   /

Name   /   /

Item Information: SKU, Price, Description

Notes:

Consultant _____ **Guest Information**   /   /

Name _____   /   /

Significant Other _____   /   /

Address _____

City/ State / Zip _____

Cell Phone _____ Other Cell Phone _____

Email _____

His Work _____ Her Work _____

Anniversary Date ____ /____ /____ _____

Other Important Dates ____ /____ /____ ; ____ /____ /____

Her Finger Size (L/R) ____ (R/R) ____ His Finger Size (L/R) ____ (R/R) ____

  Children and Birthdays

Name _____   /   /

Name _____   /   /

Name _____   /   /

Item Information: SKU, Price, Description _____

_____

_____

_____

_____

_____

95

Notes:

Guest Information   /   /

Consultant

Name   /   /

Significant Other   /   /

Address

City/ State / Zip

Cell Phone   Other Cell Phone

Email

His Work   Her Work

Anniversary Date   /   /

Other Important Dates   /   /   ;   /   /

Her Finger Size (L/R)   (R/R)   His Finger Size (L/R)   (R/R)

  Children and Birthdays

Name   /   /

Name   /   /

Name   /   /

Item Information: SKU, Price, Description

Notes:

Guest Information   /   /

Consultant

Name   /   /

Significant Other   /   /

Address

City/ State / Zip

Cell Phone   Other Cell Phone

Email

His Work   Her Work

Anniversary Date   /   /

Other Important Dates   /   /   ;   /   /

Her Finger Size (L/R)   (R/R)   His Finger Size (L/R)   (R/R)

Children and Birthdays

Name   /   /

Name   /   /

Name   /   /

Item Information: SKU, Price, Description

Notes: